야만 무찌르기 쉬울 것이다. 공산당들은 보잘것없는 무기를 가지고, 병정이야 죽거나 말거나 앞으로만 몰아넣으니, 생각하면 공산군이야말로 딱한 신세들이다."

이 때, "쐐액" 하며 비행기 소리가 들려 왔읍니다. 젯드기가 어느 틈에 머리 위를 지나서, 북쪽 산 너머로 흰 줄을 그으며 날아가 버렸읍니다. 모두들 머리를 들고 그 쪽을 바라보았읍니다. 아버지께서는,

"참 빠르지! 저 비행기는 소리보다도 빨라서, 쐐액 소리가 들릴 때는 벌써 로켙탄이나 기관총을 내리쏘니까 피할 수가 없단다. 공산당이 아무리 몰래 피해 다녀

도, 들키기만 하면 꼼짝 못 하고 공격을 당하고야 만단다.

우리 군대는 비행기뿐만 아니라, 해군이 바다에서 대포를 쏘고, 또 해병대를 상륙시켜서, 아무 때나 어느 곳에서든지 싸울 수 있다. 공산군은, 저희들의 병정 수가 많은 것만 믿고 있지만, 우리 편에도 제이 국민병이 얼마든지 싸움터에 나갈 수 있단다. 이제 싸울 준비만 다 되면, 마음 놓고 북으로 쳐올라갈 거야."

명길이는 서울을 떠날 때, 아버지가 반드시 서울을 도로 찾는다고 하시던 말씀을 생각하였읍니다.

유엔군이 지나갑니다. 얼굴이 하얀 사람, 새까만 사람, 키가 큰 병정, 작은 병정, 모자도 가지각색, 군복도 여러 가지로 달리 입은 군대들이, 아무 근심도 없이 싱글벙글하며 지나갑니다.

명길이는 평양에서 피란 온 인순이네 이야기를 다시 생각하였읍니다.

부르릉, 부르릉

하늘에는 밤이나 낮이나 비행기가 떠 있었읍니다.

한길에도 찌입차와 트럭이 끊일 줄을 모릅니다. 가끔 장갑자동차, 대포, 탕크가 줄을 지어 북으로 북으로 달립니다.

삐익, 칙칙 폭폭.

짐차가 기적을 울리며, 북쪽으로 연기를 뿜고 기운차게 떠납니다. 서양 글자를 박은 짐이 산더미처럼 쌓여 있었읍니다.

청년들이 한길을 걸어서 남으로 남으로 내려갑니다. 이불과 담요를 둘러메고 내려갑니다. 모두들 훈련을 받으러 가는 제이 국민병들입니다.

국군이 트럭을 몰고 지나갑니다. 철모를 쓰고 총을 어깨에 걸고 있었읍니다. 입을

다물고 가슴을 쭉 편 것이 퍽 씩씩하게 보였읍니다. 아버지께서,

"보아라. 우리 국군과 유엔군이 새로 싸울 준비를 해 가지고 북쪽으로 올라가지 않니?"

하시며, 다음과 같이 말씀하여 주셨읍니다.

"우리 군대는 적군을 남한으로 멀리 끌고 내려와서, 쳐부술 작정일 게다. 북한은 산이 험하고 길이 나쁠 뿐 아니라, 날이 춥고 눈이 많이 와서, 자동차와 대포를 가지고 싸우기에 여간 불편하지 않단다. 중공군은 산골짜기를 타서 밤중에 기어들어오는데. 이 놈들을 넓은 바닥에 끌어내

전시생활 2-2

우리는 반드시 이긴다

국민학교 3.4학년

문교부

1. 자유를 찾아서

기차에서

명길이는 대구 아저씨 댁으로 피란을 갔읍니다.

기차는, 찻길이 복잡하여서, 한 정거장 가서는 한 시간도 쉬고, 또 한 정거장 가서는 다섯 시간도 쉬어서, 좀처럼 떠나 주지를 않았읍니다.

지붕도 없는 곳간차는 몹시도 추웠읍니다. 찬 바람이 사정 없이 몰아치고, 이따금 싸락눈이 내리퍼부었읍니다.

명길이는 담요를 뒤집어쓰고, 어머니 품에 폭 안겨서 갔읍니다. 인순이도 얼굴만 내놓고 덜덜 떨었읍니다.

곳간차에는 사람들이 가뜩 차 있었읍니다. 갓난 어린애가 힘 없이 "응아, 응아." 우는 것이, 명길이는 제일 딱했읍니다.

왜 우리들은 이런 고생을 하여야 하나?

명길이는, 이 우리 나라 사람 아닌 유엔군까지, 눈보라를 헤치며 중공 오랑캐를 무찌르러 가는 것을 생각하니, 여간 고맙지 않았읍니다. 그리고, "어서 서울을 도로 찾아 주셔요." 하고 매달리고 싶었읍니다.

"유엔군들은 어디서 왔을가?"

"왜 우리 나라까지 와서 싸워 줄가?"

명길이는 더욱 그 까닭이 알고 싶었읍니다.

대구에서

대구 거리에는 사람들이 장터처럼 와글와글 끓고 있었읍니다. 피란 온 사람들이 그 복잡한 속에서, 갈 길을 찾느라고 두리번 두리번 하고 있었읍니다.

"명길아."

벼란간 뒤에서, 누가 불렀읍니다. 명길이가 깜짝 놀라서 돌아다보니, 한 반에서 공부하던 경수가 뛰어왔읍니다.

"경수야, 너 언제 왔니?"

명길이는 경수 손을 덤썩 붙잡았읍니다. 낯 설은 사람만 있는 데서 만나는 동무는 정말 반가왔읍니다.

경수 아버지는 의사입니다. 대구에 오셔서 예방 주사를 놓아 주시느라고 대단히 바쁘시다는 것이었읍니다.

명길이는 아버지에게 경수와 만난 이야기를 하였읍니다. 아버지께서는,

"나도 어서 일을 하게 되어야 하겠는데……. 참, 예방 주사 이야기가 났으니, 우리도 지금 바로 주사를 맞으러 가자."

하시며, 지금 공산군들은 돌림병 때문에 병자가 날마다 몇천 명씩 늘어간다고 말씀하셨읍니다.

명길이는 인순이와 같이 아버지를 따라서 주사를 맞으러 갔읍니다.

사람들이 길 모퉁이에 주욱 늘어섰읍니다. 흰 옷을 입은 의사가 여럿이 주사기를 들고 한 사람씩 놓아 줍니다. 간호원이 옆에

서 늘어선 사람들에게 소독을 하여 줍니다. 책상 위에는 주사약이 많이 쌓였읍니다.

명길이는 팔을 걷고 주사를 맞았읍니다. 생각하던 것보다 덜 아팠읍니다. 인순이는 바늘이 팔뚝에 들어갈 때 울상을 하다가 맞고 난 자국을 자꾸 비볐읍니다.

돌아오는 길 모퉁이에서는 띠띠디 소독을 하고 있었읍니다. 흰 가루 투성이가 된 사람들이 서서, 지나가는 사람들의 목덜미와 소매에 뿌려 줍니다. 아버지께서

"우리도 소독을 하고 가자. 발진디브스 예방은, 소독을 해서, 이를 죽여 없애는

것이 제일이란다."

하시며, 이런 소독약도 유엔 여러 나라에서 보내 준 선물이라고 일러 주셨읍니다. 그리고, 싸움에 이기는 것뿐만 아니라, 몸을 튼튼히 해서 병에 걸리지 않는 것도, 우리 나라를 튼튼히 하는 일이라고 말씀하셨읍니다.

부산에서

스무날쯤 후, 명길이네는 부산으로 떠나게 되었읍니다. 아버지가 일하시던 공장이 부산에서 다시 일을 시작하게 되었기 때문입니다.

부산은 대구보다도 더 복잡하였읍니다. 사람들이 길거리에 넘쳐서 잘 다닐 수도 없는데, 자동차가 끊이지 않고 막 달렸읍니다. 그 속에서 경관과 헌병들이 교통을 정리하느라고 눈코 뜰 사이가 없었읍니다. 소년단들이 호각을 불며, 조그만 손을 들고 교통을 정리하는 것이 퍽 씩씩하게 보였읍니다.

명길이네는 공장의 창고 한 구석에서 살림을 차렸읍니다. 피란 온 사람들이 많아서, 빈 터에 막을 짓고 사는 집들도 있었읍니다. 사회부에서 만든 피란민 수용소에 사는 사람도 많았읍니다.

창고 속에는 찬 바람이 쏴아 새어 들어왔읍니다. 그래도, 아버지는 기뻐하시고,

"일을 해서 공장이 움직여야 싸움에 이기지. 피란 왔다고 가만히 앉아 먹기만 하면 되나?"

하시며, 날마다 공장에 나가서 일을 하시는 것이었읍니다.

인순이네는 피란민 수용소에서 살게 되었읍니다. 명길이는 가끔 인순이네가 사는 수용소에 가 보았읍니다. 수용소에는 사회부 사람들이 와서 모든 살림을 차려 주고 있었읍니다. 먹을 양식과 반찬 값을 사람 수

대로 나누어 주고, 입을 옷과 살림에 쓰는 물건도 때때로 배급하여 주었읍니다. 병자가 있으면, 의사가 와서 돌보아 주고, 약을 써 줍니다. 어린 아이들에게는 점심때마다 우유 죽을 만들어 줍니다. 유엔에서 보내 준 구제품도 가끔 나누어 주었읍니다.

수용소에는 북한에서 피란 온 사람들이 많았읍니다. 명길이는 그들에게 공산당 밑에서 고생한 이야기를 더 자세히 들었읍니다.

명길이는 인순이와 같이 배 닿는 곳으로 구경을 나갔읍니다. 갈매기가 훨훨 날아 다니는 바다 위에는 조그만 똑딱선이 물매미처럼 돌아다니고 있었읍니다.

선창에는 어마어마하게 큰 기선들이 빽빽하게 닿아 있어서, 큰 동네처럼 보였읍니다. 기중기가 쉬지 않고, 짐을 들어 내리고 있었읍니다.

"이렇게 많은 짐이 어디서 올가?"

명길이는 그 짐을 보고, 기차에 싣고 가던 산더미 같은 짐과, 소독약과, 수용소에서 나누어 주던 물건들이 생각났읍니다. 또 비행기와 탕크와 대포를 생각하였읍니다. 그리고, 여러 나라가 우리 나라를 돕고 있다는 것을 눈 앞에 똑똑히 보았읍니다.

붉은 +(십) 자를 크게 붙인 하얀 배가 있었읍니다. 이 병원선도 우리 나라에서 싸우는 유엔군을 도와주러 온 것이라 합니다.

선창에는 수많은 포로들이 일을 하고 있었읍니다. 머리를 빡빡 깎고 있던 공산군들이, 이제는 머리도 제법 자라고, 아주 순하게 보이는 것이 이상하였읍니다. 명길이는 포로들을 자꾸 쳐다보았읍니다. 그리고, 우리 동포를 죽이고, 집에다 불을 지르고, 유엔군에게 대들던 공산군들을 왜 저렇게 내버려 두나 하고 생각하였읍니다.

봄 소식

이월이 되었읍니다.

꽁꽁 얼었던 땅이 풀리고, 포근한 햇볕이 따스하게 쬡니다. 그렇게도 쌀쌀하게 불던 바람도 잔잔해져서, 따뜻한 날씨가 아주 봄날 같읍니다.

어머니는 오래간만에 빨래를 하시고 나서, 양지쪽에 앉아 신문을 읽으십니다. 명길이도 어머니 옆에 앉아서, 어머니가 보시는 신문을 들여다보다가,

"어머니, 우리 국군이 어디까지 쳐올라갔어요?"

하고 여쭈워 보았읍니다. 어머니는 빙그레 웃으시고 말씀하셨읍니다.

"인천과 영등포를 아주 도로 찾았대. 김포 비행장에 낙하산 부대가 내렸다는구나. 서울도 인제 며칠 안 남았을 거야. 너 서울 가고 싶지?"

"그러먼이요. 어서 가고 싶어요. 어머니, 언제 서울 가요?"

명길이는 서울을 도로 찾는다는 말에 기뻐서 어쩔 줄을 몰랐읍니다.

"그런데, 명길아."

어머니는 다시 말씀을 이으셨읍니다.

"서울 서남쪽 산골에서 공산군이 아직도 기를 쓰고 덤빈다는구나. 어제 그저께 동안에 2만 5천 명이나 중공군이 죽었대."

"예? 아유, 그렇게 많이 어떻게 죽어요?"

명길이는 입을 딱 벌리고 어머니를 쳐다 보았읍니다.

"비행기가 하루에 일천 번이나 쳐들어가서, 이번에 새로 나온 네이빰탄을 막 퍼부었대. 그 폭탄은 넓이 90미터, 길이 270 미터를 불바다로 만든다는구나."

명길이는 눈을 동그랗게 떴읍니다.

"어머니. 그럼, 그게 원자탄이 아니어요?"

"원자탄 아니야. 이 폭탄은, 기름에 불이 붙어서 타는 것인데, 탕크 같은 것도 빨

장게 달아서, 그 안에 들어 있는 사람까지 타 죽는단다."

어머니는 이 밖에도 재미있는 새 무기 이야기를 들려 주셨읍니다.

탄환을 화약의 힘으로 얼마든지 멀리 가게 하는 로켙포, 탕크를 쳐부수는 바주까포, 적군이 몰래 파묻어 놓은 지뢰를 찾아내는 기계, 밤이나 날이 흐린 때에도 적이 있는 곳을 찾아내는 전파탐지기, 모두 신기한 이야기뿐이었읍니다. 그 중에도 유도폭탄이라는 것이 제일 신기하였읍니다.

유도폭탄은 폭탄 속에 기계가 들어 있어서, 적의 비행기가 탕크 근처에다 대고 쏘면, 그 폭탄이 달아나는 탕크나 도망가는 비행기를 쫓아가서 맞춘다는 것입니다.

쫓아가서 맞추는 폭탄! 생각만 하여도 무섭고 재미있는 폭탄입니다. 명길이는 손뼉을 치며,

"어머니, 김 일성이를 쫓아가서 맞추는

유도폭탄이 있었으면 좋겠어요."
하니까, 어머니는 하하하 웃으셨읍니다.

"참, 그런 폭탄이 있었으면 좋겠다. 그렇지만, 우리 국군은 다 김 일성이를 맞추는 유도폭탄과 마찬가지 아니냐? 인제 보렴. 공산당은 하나도 없게 될 테니."

해가 어느덧 저물었읍니다. 어머니는,

"명길아. 학교에 갈 날도 멀지 않았으니, 너도 준비를 해야지."
하시고는, 빨래한 명길이 양복을 걷으시는 것이었읍니다.

전시 공부

명길이는 학교에 다니게 되었읍니다. 이월 열흘날부터 부산에 있는 국민학교가 모두 개학을 하여서, 피란 온 아이들도 같이 공부를 하게 된 것입니다.

명길이는 잘 간직해 가지고 온 책가방을 메고 학교에 갔읍니다. 오래간만에 학교에

가는 것도 기뻤지만, 동무들과 같이 이야기 하고 놀 것을 생각하니, 깡충깡충 뛰고 싶었읍니다.

<u>명길이</u>네 반은 산 중턱에 있는 양지쪽에 모여서 공부를 하였읍니다. 사방을 가마니로 둘러싸서, 바람이 몰아치지 않도록 아늑하게 하였읍니다. 그래도 쌀쌀한 바람이 가끔 불어 들어와서, 외투를 입었어도 몸이 떨리고 귀가 시렸읍니다. 그러나, <u>명길이</u>는

공부를 하게 된 것만도 여간 기쁘지 않았읍니다.

선생님께서는,

"전쟁 때문에 학교를 군대가 쓰고 있으니, 여기서 공부하기로 한다. 춥고 불편하지만, 열심으로 공부하여 훌륭한 어린이가 되자, 우리 국군은 밤낮 눈보라 치는 산골짜기에서 싸움을 하고 있지 않느냐? 우리도 추위와 싸우며 굳센 힘을 길러서 훌륭한 일군이 되어야 하겠다."

하시고, 부산 아이들이나 피란 온 아이들이나, 다 같이 사이좋게 지내야 한다고 말씀하셨읍니다.

학교에는 피란 온 아이들이 많이 있읍니다. 서울서 온 아이들 중에는 명길이네 학교에서 온 아이들도 있고, 북한에서 온 아이들도 있었읍니다. 충청도, 강원도, 경기도, 여러 곳에서 모인 아이들이 경상도 아이들과 서로 이야기하는 것은 참 재미있읍니다.

사투리도 다르지만, 피란 온 이야기도 모두 달랐읍니다. 산골에서 살던 이야기, 바닷가 이야기, 전쟁 이야기 모두가 처음 듣는 것이 많았읍니다.

선생님께서는 아침마다 신문에 나는 전쟁 이야기도 하여 주시고 용감한 국군 이야기도 하여 주셨읍니다. 명길이는 늘 알고 싶어 하던 유엔에 대해서, 선생님께 여쭈워 보았읍니다. 선생님께서는

"그거 참 좋은 생각이다. 내가 말하여 주기 전에 너희들이 먼저 유엔군에 대한 것을 조사하여 발표하기로 하자."

고 말씀하셨읍니다.

명길이는 유엔에 대하여 공부하는 동안에, 우리 나라를 유엔이 도와주는 까닭과, 우리 나라가 세계 여러 나라와 함께 공산당을 물리쳐서, 이번 싸움에 반드시 이긴다는 것을 똑똑히 알게 되었읍니다.

2. 유엔은 우리를 돕는다.

세계의 경찰

유엔은 세계 여러 나라가 서로 사이 좋게 하여, 모든 사람이 다 즐겁게 잘 살려고 만든 기관입니다.

사람은 누구든지 즐겁고 자유롭고 편히 살고 싶어 합니다. 그러나, 힘과 꾀를 가지고, 남의 물건을 훔치거나 빼앗거나 속여먹는 도둑놈이 있으면, 사람들이 마음을 놓고 살 수가 없읍니다. 그래서, 나라에서는 경찰서와 재판소를 두어, 도둑놈을 잡아 닦아 벌을 주고, 다시는 도둑질을 못 하게 합니다.

사람들이 복잡한 거리를 제 멋 대로 걸어다니면, 사람끼리 부딪혀서 마음 대로 다니지 못하게 될 것입니다. 또 자동차가 제 멋 대로 거리를 달린다면, 어떻게 되겠읍니

까? 사람들은 도무지 마음을 놓고 다닐 수 없을 것입니다. 자동차끼리 서로 부딪혀서, 자동차도 상하고, 탄 사람들도 다칠 것입니다.

"사람은 왼편으로, 차는 오른편으로."

이 규칙은 우리들이 마음을 놓고 길을 다니기 위하여 정한 것입니다. 그리고, 복잡한 거리에는 인도와 차도를 따로 만들어서, 다니기 편하게 할 뿐 아니라, 경관이 교통을 정리하여 줍니다. 만일 이 규칙을 지키지 않는 사람이 있으면, 경관은 다시 그러지 못하게 타이르기도 하고, 재판소에 넘겨서 벌을 받게도 합니다.

어떤 나라가, 남의 나라를 제 마음 대로 빼앗거나, 나라 사이의 약속을 지키지 않는다면, 어떻게 되겠읍니까? 그래서, 여러 나라에서는 서로 군대를 두어서, 남의 나라가 마음 대로 쳐들어오지 못하게 미리 준비를 하는 것입니다.

그러나, 힘이 센 나라가 옳지 못한 마음으로, 저보다 약한 나라를 속이고, 욱박지르고, 도둑질을 하게 되면, 큰 일입니다. 이번에는 말릴 경관이 없어서, 약한 나라는 하루도 마음을 놓고 살 수가 없읍니다. 그리고, 마침내 힘 센 나라의 종이 되거나, 가난한 살림에 전쟁 준비만 하다가, 저절로 망해 버릴 것입니다. 즐겁고 자유롭게 잘 살려고 하는 사람들이, 옳지 못한 나라 때문에 불행에 빠진다는 것은, 얼마나 억울하고 슬픈 일입니까?

유엔은, 이런 억울하고 슬픈 일이 일어나지 않도록, 재판소와 경찰서의 일을 합니다, 어느 나라든지 다 같이 자유와 평화를 누리게 하고, 나라 사이의 싸움을 미리 막아냅니다. 남의 나라를 얕보고서 욱박지르고 도둑질하는 나라에는 유엔군을 보내서 벌을 줍니다.

단기 4283년 6월 25일, 북한의 공산군이 남한으로 몰려들어왔을 때, 유엔은,

북한군철퇴안 가결

그 옳지 못한 짓을 꾸짖고, 곧 물러가라고 명령하였읍니다. 그러나, 공산군이 듣지 않았으므로, 유엔군을 보내서, 이것을 쳐부순 것입니다.

그 후, 중공군이 아무 까닭도 없이 국경을 넘어서 쳐들어왔을 때도, 유엔은 곧 물러가라고 하였지만, 중공이 도리어 유엔을 욱박지르려 달려들었기 때문에 이것을 또 쳐부수기로 정하였읍니다.

그러면, 어째서 이런 싸움이 일어났을가요? 왜, 북한 공산군이 중공군과 같은 고약한 군대가 생겼을가요?

두 가지 나라

세계는 지금 두 가지 나라로 갈라져 있읍니다. 하나는 민주주의 나라요, 또 하나는 공산주의 나라입니다.

민주주의 나라는 사람의 목숨과 자유를 대단히 귀하게 여깁니다. 백성들이 모두 즐겁게 잘 살기 위하여, 백성들이 바라는 대로 백성들이 정부를 세워서 나라 살림을 하여 갑니다. 사람을 귀하게 여기기 때문에 제 나라 백성뿐만 아니라, 남의 나라와 백성들의 자유도 귀하게 여깁니다.

공산주의 나라는, 공산당이 백성들을 부려먹는 나라입니다. 공산주의 나라 백성들은, 공산당이 하라는 대로 하지 않고는 살아나갈 수가 없읍니다. 하고 싶은 말도 못 하고, 하고 싶은 일도 못 하고, 살고 싶은

곳에서 살지도 못합니다. 고삐에 매인 소처럼 끌려서, 공산당이 하라는 대로 하고, 죽으라는 대로 죽어야 합니다.

공산당은 처음에 로시아 백성들을 속여서 소련이라는 공산주의 나라를 만들었읍니다. 그리고, 자기들에게 반대하는 백성들을 모조리 죽이고, 나머지 백성들은 총칼로 욱박질러서 꼼짝도 못 하게 한 다음, 전쟁에 필요한 준비를 하기 시작하였읍니다. 그리 하여, 백성들이 먹고 입고 써야 할 물건은, 모두 무기를 만드는데 써 버리고, 백성들은 먹지도 입지도 못 하고, 기계처럼 일만 하게 하였읍니다.

소련은 이렇게 만든 무기로 다른 나라를 욱박지르는 한 편, 그 나라 공산당에게 무기를 주어서 정부를 빼앗게 하였던 것입니다.

우리 대한 민국은 민주주의 나라입니다. 누구든지 살고 싶은 곳에서 살고, 일하고 싶은 곳에서 일을 하고, 배우고 싶은 공부를 마음 대로 할 수 있는 고마운 나라입니다.

소련 공산당은 우리 겨레가 일본의 손아귀에서 벗어났을 때, 벌써 우리 나라를 빼앗으려는 고약한 마음을 품었었읍니다. 삼팔선이라는 어굴한 금을 그어 놓고는, 김 일성이를 앞잡이로 세워 놓았읍니다. 그리고, 이 앞잡이에게 무기를 주어, 우리 대한 민국을 집어 삼킬 싸움을 일으킨 것입니다.

그러나, 북한에 있는 동포도 죽음을 무릅쓰고 자유를 찾아 남한으로 넘어 왔고, 남한에서는 자유를 위하여 목숨을 걸고 이를 무찌르는 데 온 힘을 다 바치고 있는 것입니다.

자유를 사랑하는 세계 민주주의 나라가

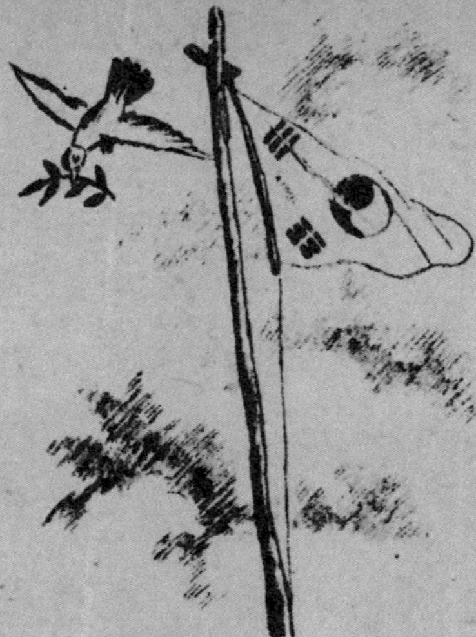

우리를 돕는 것도, 우리 겨레가 모두 대한 민국 정부를 받들고 자유의 세계에 살려는 옳은 마음을 가지고 있기 때문입니다. 이제 유엔군까지 귀한 목숨을 아끼지 않고, 새로운 무기와 많은 물자로 우리를 돕고 있으니, 우리 대한 민국은 반드시 고약한 공산당을 쳐 부수고, 민주주의의 빛나는 승리를 거둘 것입니다.

우리는, 우리를 도와주는 유엔 여러 나라

들의 고마운 마음에 감사하고, 한층 더 용기를 내어, 옳은 마음을 굳게 지켜서, 끝끝내 참고 나가는 힘을 길러야 하겠읍니다. 그래서, 이번 싸움에 이길 뿐만 아니라, 이 후에는 전쟁이 다시 일어나지 않도록 서로 사랑하고 돕는 백성이 되어야 하겠읍니다.

비가 개고 나면, 하늘은 더 맑고 깨끗합니다. 캄캄한 밤이 지나면 아침 햇빛이 더 밝읍니다. 우리는 이번 싸움에 반드시 이길 것이며, 그 후에는 더 훌륭한 대한 민국이 되어 세계에 빛나게 될 것입니다.

참고

이 교과서의 지도상 주의는 제1 집 "비행기"와 같다.

이 책은 전시판이므로 제본이 제 대로 되어 있지 않으니, 교사나 부형이 다음과 같이 제본하여 학생에게 주기 바란다.

1. 바늘에 실을 꿰어 접은 데를 밖에서 안으로 잡아맨다.

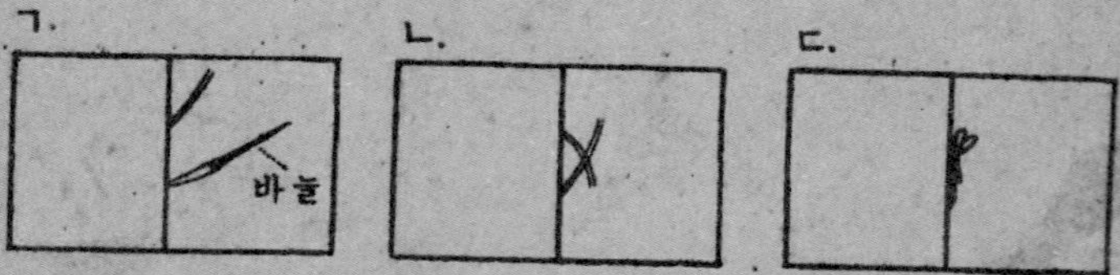

2. 46판에 맞도록 도련을 한다.

단기 4284년 3월 20일 박음
단기 4284년 3월 25일 폄

전시 생활 -2-2
우리는
반드시 이긴다

값	피란 학생에게 거저 줌

지은이
겸 편이 문 교 부

박은이 합동도서주식회사
대표자 양이영